# ÉLOGE

DE

# GIRALDÈS

ANCIEN PRÉSIDENT DE LA SOCIÉTÉ DE CHIRURGIE,
CHIRURGIEN HONORAIRE DE L'HÔPITAL DES ENFANTS MALADES, MEMBRE DE
L'ACADÉMIE DE MÉDECINE, DE LA SOCIÉTÉ DE BIOLOGIE,
DE LA SOCIÉTÉ ANATOMIQUE, OFFICIER DE LA LÉGION D'HONNEUR,

**Prononcé devant la Société de chirurgie de Paris, le 17 janvier 1877,**

PAR

M. FÉLIX GUYON

SECRÉTAIRE GÉNÉRAL.

PARIS

G. MASSON, ÉDITEUR

LIBRAIRE DE L'ACADÉMIE DE MÉDECINE

Boulevard Saint-Germain, en face de l'École de Médecine

M DCCC LXXVII

# ÉLOGE DE GIRALDÈS.

Messieurs,

Joachim-Albin Cardozo Cazado Giraldès, est né à Porto, royaume de Portugal, le 24 avril 1808. A cette époque, son père, Joachim-Pierre Cardozo Cazado Giraldès, était colonel au service de Sa Majesté très-fidèle. Sa mère, Marie-Albina-Maxima Nogueira, appartenait comme son mari à une noble famille portugaise.

Le colonel Giraldès était à la fois un militaire distingué et un homme de science, auteur d'un traité complet de Cosmographie et de Géographie historique.

Chargé par son gouvernement d'une mission scientifique qui nécessitait un assez long séjour à Madère, il y emmena sa famille, et plaça ses trois fils dans un collége militaire.

C'est là que notre futur collègue commença son éducation; les études qu'il fit dans cette première étape de la vie sérieuse furent solides, son aptitude et son application remarquées de ses maîtres.

Dès cette époque, l'écolier militaire justifiait, par son ardeur dans l'étude, la maxime favorite qu'il aimait à répéter, qui lui a servi de guide, et qui pourrait le caractériser.

« Le savoir, disait-il souvent, le savoir ne tient pas de place. »

Aussi, son jeune cerveau ne refusait-il pas asile aux sciences mathématiques, et les cultiva-t-il de manière à ne leur jamais laisser perdre droit de domicile. Elles eurent sans doute l'utilité que leur reconnaît Descartes (1) : d'accoutumer l'esprit à se repaître de vérités et ne se contenter point de fausses raisons. Toujours est-il que bien d'autres points de la science devaient être successivement abordés, consciencieusement étudiés et discutés, par cette ardente intelligence toujours avide d'acquisitions nouvelles et qui, jusqu'au dernier moment, ne connut pas plus la fatigue que la satiété.

Après quelques années passées à Madère, le colonel Giraldès

[1] *Discours sur la méthode.*

fut nommé consul au Havre. C'est à cette époque qu'il envoya ses trois fils à Paris pour y compléter leurs études ; il les recommandait à Portal qui les accueillit avec la plus grande bonté.

L'aîné, José, étudia la médecine, et se rendit au Brésil dès qu'il eut obtenu le titre de docteur, pour y exercer son art. Il mourut avant d'avoir atteint l'âge de trente ans. Le second fils, Antoine, se fit militaire ; il avait déjà un grade élevé dans l'armée portugaise, lorsqu'il mourut encore fort jeune.

Le troisième fils suivit l'exemple de l'aîné, et choisit aussi la carrière médicale. Il me serait difficile de dire comment notre collègue se détermina ainsi à fixer son avenir. Mais il est permis d'admettre que les conseils de Portal ne furent pas étrangers à cette décision. Joachim Giraldès était alors maître de ses actions. Madame Giraldès, dont la santé avait toujours été chancelante, était morte au Havre, et M. Giraldès père s'était remarié. Ses fils étaient dignes de sa confiance, il voulait qu'ils eussent une carrière, et leur donnait les moyens de l'assurer ; mais il leur avait laissé toute liberté pour choisir leur destinée.

De l'instruction première reçue à Madère, Joachim Giraldès avait, il est vrai, conservé un penchant très-vif pour tout ce qui était art militaire ; ceux qui ont vécu dans son intimité savent qu'il parlait avec compétence sur les questions relatives à l'artillerie. Mais il avait, avant tout, le goût de l'étude et l'amour de la science ; en embrassant la carrière médicale, il leur assurait les plus complètes satisfactions.

Abordant à Paris l'étude de la médecine, il pouvait encore se laisser séduire par la solide variété des études, par l'éclat du renom des maîtres, par la laborieuse émulation des élèves que sollicite et soutient sans relâche la libérale institution des concours.

Notre profession est largement ouverte, les hommes de bonne volonté peuvent l'aborder avec confiance ; ils y rencontrent la considération, car le travail soutenu est la seule force qui permette de figurer avec honneur dans les rangs de ceux qu'elle a mis en évidence.

Giraldès devait trouver dans la carrière médicale, plus encore qu'un avenir honorable : il lui a dû une patrie nouvelle.

Le sol de la France est, il est vrai, particulièrement favorable à l'acclimatation. L'étranger y est aussi bien accueilli par les habitants que par le climat. Tout l'attire et tout le convie, on semble même s'appliquer quelquefois à lui démontrer qu'il a fait erreur en naissant sur un autre point de notre globe terrestre. Mais ceux-là seuls deviennent véritablement nôtres, qui subissent les épreuves qui nous sont imposées, et conquièrent par le labeur de chaque jour la situation qu'ils méritent.

Giraldès fut bien de ceux qui savent se donner tout entier : le strict accomplissement de ses devoirs scientifiques et professionnels, le dévouement absolu pendant les périodes tourmentées et douloureuses dont il fut le témoin, l'avaient si bien assimilé à tout ce qui est notre patrie, que vous devez presque être surpris de m'entendre aujourd'hui rappeler l'origine étrangère de notre collègue.

La mère patrie ne perd cependant jamais ses droits. Le Portugal allait être le théâtre d'un fléau qui souvent ravage la partie la plus voisine de la péninsule Ibérique. La guerre civile y était menaçante et fut bientôt inévitable. Dona Maria revendiquait la couronne de Portugal, et venait soutenir contre son oncle don Miguel des droits qu'il avait méconnus, malgré sa double qualité de Régent du royaume et de fiancé de la Reine. Dona Maria trouva le gouvernement français favorable à sa cause. Il lui fut permis de lever en France, comme on le faisait en Angleterre, des volontaires disposés à se ranger sous sa bannière et sous celle de don Pedro, qui avait quitté le Brésil pour soutenir les droits de sa fille.

Ces événements se passaient en 1831. Giraldès était alors interne des hôpitaux, il avait conquis ce titre l'année précédente, et le concours lui avait donné le huitième rang. Abandonner à ce moment ses études médicales pouvait gravement compromettre son avenir. Rien ne prévalut cependant contre ce qu'il considérait être son devoir de patriote. Il s'enrôla et bientôt figurait dans les rangs de l'armée des prétendants avec la qualité de cadet d'artillerie. Sa naissance et son éducation militaire lui donnaient droit à cette prérogative, et il allait d'ailleurs combattre sous les ordres d'un général qui était son oncle paternel.

Le courage ne fit pas défaut au jeune volontaire, il prit la part la plus active à la lutte et ne sut pas toujours se mettre à l'abri des périls les plus menaçants. Le dévouement de notre collègue à une cause qu'il avait faite sienne, parce qu'il la croyait juste, fut récompensé par le triomphe de son parti. Giraldès ne songea dès lors qu'à revenir prendre à l'hôpital et en France la place qu'il ne devait plus quitter.

Du temps passé au service de son pays, il garda toujours le réconfortant souvenir. Bien des fois, le récit des aventures de sa jeunesse guerrière vint colorer de ses chauds rayons les graves réalités, que toujours apporte la succession des années et les inévitables déceptions de la vie. Heureux encore, ceux qui ont le droit de reposer et de rasséréner leur esprit, en évoquant une jeunesse tout au travail, généreusement sacrifiée aux intérêts de la famille, ou au service du pays, et qui se rappellent qu'ils envisageaient alors l'avenir avec confiance, puisqu'ils lui donnaient pour gage l'accomplissement de tous les devoirs.

Giraldès allait désormais combattre pour assurer cet avenir auquel lui permettaient de prétendre les ressources de son intelligence et son aptitude au travail. La chirurgie l'avait déjà attiré. Il avait été externe de Dupuytren, et les leçons de Roux, de Dubois, de Boyer, n'avaient pas d'auditeur plus assidu. Sa physionomie originale lui avait valu de ce dernier, le surnom de petit Piccolo, sous lequel on désignait à la clinique de la Charité, le jeune étudiant portugais. Mais son goût l'entraînait plus encore vers les sciences naturelles; les éloquentes leçons d'anatomie comparée et de zoologie professées à la Faculté des sciences par de Blainville, l'avaient entièrement séduit.

L'anatomie de l'homme était d'ailleurs, dès cette époque, sa science de prédilection. Aussi, lorsqu'il fut devenu prosecteur de l'École d'anatomie des hôpitaux en 1834, se mit-il à l'œuvre, afin de consacrer par un travail original le résultat de ses études.

Sous le titre d'*Études anatomiques* ou *recherches sur l'organisation de l'œil considéré chez l'homme et dans quelques animaux*, Giraldès se proposa de vérifier par lui-même, le scalpel à la main, ce qui était enseigné et publié sur l'anatomie si délicate de l'organe de la vision. Mais il ne voulait pas borner son étude à l'œil humain. Partisan déclaré de Blainville, il regardait comme prouvée la série animale niée par Cuvier et si brillamment démontrée par son maître. Il considérait que pour éclairer l'étude de la physiologie et de l'anatomie humaine, il fallait examiner et étudier les animaux ; pour lui, comme pour son maître, la série animale forme un ensemble continu, depuis l'homme jusqu'aux animaux les plus inférieurs. Ayant d'ailleurs pour principe qu'on ne sait jamais bien que ce qu'on fait soi-même, il tint à donner dans son mémoire le résultat de ses recherches personnelles.

Ce travail, publié en 1836, lui donna le titre de docteur en médecine. Il fut remarqué et méritait de l'être ; il reflétait les tendances scientifiques de l'époque et les affirmait, donnait une description étendue et aussi complète qu'elle pouvait l'être alors de l'organe de la vision, indiquait des faits nouveaux que l'observation ultérieure a confirmés.

La continuité de la sclérotique avec la cornée qui ne forme qu'une seule et même membrane, la nature réelle des fibres de l'iris, sont affirmées dans le travail de Giraldès. Il soutient que les fibres de l'iris sont de nature musculaire, malgré leur ressemblance avec les fibres du tissu cellulaire, et il ajoute : « C'est là un fait important en anatomie, en ce qu'il dévoile la force de l'organisme et le rôle que le tissu cellulaire est chargé de remplir. Il fallait des mouvements, le tissu cellulaire est devenu contractile. Ce fait, et beaucoup d'autres, nous montrent qu'il n'y a dans l'organisme qu'un seul tissu, c'est le tissu cellulaire ; tous les autres sont des modifications dépendantes de l'usage qu'ils sont appelés à remplir. » Sans discuter cet aperçu original, et sa lointaine ressemblance avec les théories qu'a remuées l'histologie moderne, nous nous contenterons de dire que grâce à elle, le fait particulier avancé par Giraldès, touchant la nature des fibres contractiles de l'iris, est entièrement confirmé. Dans la membrane de Jacob, notre auteur ne voit qu'une dépendance de la rétine, ce qui est encore conforme aux notions actuelles.

Nous avons insisté sur ce premier travail de Giraldès, non-seulement en raison de son importance, mais parce que c'est peut-celui qui reflète le mieux les tendances et les véritables aptitudes de son intelligence. La voie anatomique où il n'a cessé de marcher, et dans laquelle les circonstances l'ont empêché de se complétement maintenir, était celle qu'il aurait le plus amplement fécondée. La nature particulière de son esprit original et ardent, passionné pour les recherches, amoureux des découvertes, convenait bien à l'étude d'une science que l'on est toujours tenté de croire parfaite, et qui ne cesse de livrer à ses adeptes de nouveaux et précieux secrets. Il reporta plus tard sur l'érudition ce besoin de poursuivre la vérité qu'il ne put continuer à satisfaire dans l'amphithéâtre et dans le laboratoire, lorsque l'état de sa santé l'empêcha de se définitivement consacrer à l'anatomie.

Dans ce même travail, se retrouve aussi le mathématicien. Il faut, s'écrie-t-il en cherchant à définir la tâche de l'anatomiste, « il faut qu'il mette l'organisme en équation et qu'il en dégage les inconnues ».... Il s'arrête d'ailleurs à temps dans cette voie qui avait conduit Capuron à démontrer mathématiquement, que la rupture centrale du périnée pendant l'accouchement devait être impossible, et se range dans le camp des naturalistes. Mais il veut, pour la science, une marche philosophique telle que l'anatomie et la physiologie arrivent à un degré de supériorité, qui les placent à côté des plus belles théories de la physique et de l'astronomie.

Il invoque à l'appui des opinions qu'il embrasse l'opinion de Laplace qui, avec Lavoisier, a donné à la physiologie moderne l'indispensable appui des sciences physico-chimiques. Les mains puissantes de Magendie et du plus illustre de ses continuateurs[1] ont su relier à l'anatomie et à la médecine elle-même, ces forces scientifiques, et fournir à l'édifice que veulent élever la médecine et la chirurgie modernes, le terrain où devra se réaliser le parfait accord de la physiologie normale et de la physiologie pathologique.

[1] Claude Bernard.

En s'engageant dans la voie si large que l'anatomie et la physiologie ouvrent à la science moderne, Giraldès ne pouvait négliger ce que nous apporte le résultat de l'expérience de nos devanciers et de notre propre pratique. Il admet même avec Kant : que nulle connaissance réelle ne précède en nous l'expérience, et que tout commence avec elle.

Aussi, se préoccupait-il dès cette époque, de perfectionner les connaissances cliniques à l'aide desquelles il pourrait aborder les concours des hôpitaux. Il trouvait à cet égard ample satisfaction près des maîtres de la chirurgie et suivait en particulier l'enseignement de Gerdy et de Velpeau.

Poursuivant néanmoins ses travaux anatomiques, il donnait, en 1839, *au Bulletin de la Société anatomique* un mémoire sur la *Terminaison des bronches*, faisait insérer dans les comptes rendus de l'Académie des sciences pour 1841 des recherches sur l'*existence des glandes tégumentaires chargées de sécréter la sueur*. Le procédé anatomique imaginé par Giraldès facilitait l'étude de ces glandes, il permettait de rendre évidente leur présence souvent contestée malgré la découverte de Breschet. Il commençait en 1838 les études qu'il devait si complétement poursuivre sur *le sinus maxillaire*. L'Académie des sciences récompensait par un prix Montyon ce mémoire qui déterminait avec précision plusieurs points mal définis de l'anatomie de cette région : telle que l'ouverture de communication du sinus avec les fosses nasales et la structure de la membrane muqueuse qui le tapisse. Il donnait à la Société philomatique le résultat de différentes recherches anatomiques et entre autres sur la *disposition croisée des fibres de la rétine chez les céphalopodes et en particulier chez la sépia officinalis* (1845).

Il prenait part en 1846 au concours pour la place de professeur d'anatomie à la faculté de médecine; il écrivait à cette occasion une thèse intitulée : *Du degré d'utilité de l'étude de l'anatomie comparée, dans l'étude de l'anatomie humaine.*

En 1847, c'était un concours pour la place de chef des travaux anatomiques qui le faisait encore entrer dans la lice.

Ces luttes n'étaient pas les seules auxquelles Giraldès avait pris part. En 1844, il devenait agrégé en chirurgie, et en décembre 1848, il obtenait la place de chirurgien du bureau central des hôpitaux. Il était de ceux qui n'ont jamais désespéré du concours, et nous le voyons, en 1851, figurer au nombre des compétiteurs pour la place de professeur de clinique chirurgicale, qui devait échoir à Nélaton.

Giraldès n'aurait même pas renoncé à une nouvelle compétition, s'il n'avait pas été victime d'un accident grave qui l'atteignit au moment même où la place de chef des travaux anatomiques était de nouveau vacante en 1854.

Il remplaçait à la Charité le professeur Gerdy et faisait l'autopsie d'un sujet qui présentait une ossification du larynx. L'élève chargé d'inciser le cartilage thyroïde cherchait à le diviser avec des ciseaux. Tout à coup, une des branches de l'instrument se rompt, et vient frapper avec force l'œil droit du chef de service. Les soins les plus assidus ne devaient point remédier à cette blessure et les complications qui en furent le résultat entraînèrent la perte de l'œil.

Pendant la longue durée de la période inflammatoire, Giraldès eut à son chevet l'un de ses élèves, dont le dévouement ne se démentit pas un instant; toujours présent, infatigable dans ses soins, il multipliait les moyens qui pouvaient conjurer le mal ou atténuer la douleur. Cet élève qui venait ainsi remplir les modestes fonctions de garde-malade, était l'un des plus brillants internes de cette période. Étranger à la France, il était déjà l'un des nôtres. Il nous était venu de l'autre extrémité de l'Europe, était de nationalité russe et s'appelait Axenfeld.

Quel est celui de nous qui ne se sent profondément ému en entendant nommer cet homme de bien; en se rappelant ce caractère aussi élevé que droit; inflexible dans le devoir, incapable de transaction; ce cœur aimant et généreux, dévoué jusqu'à l'abnégation; ce savant dont l'esprit était sérieux et orné, brillant et enjoué, la mémoire impeccable; qui a été l'honneur de notre faculté et auquel il n'a manqué que de vivre pour en devenir la gloire.

Un semblable malheur entrava longtemps la carrière de Giraldès, mais il n'ébranla pas son amour du travail. Il ne s'arrêta même pas devant les douleurs sympathiques et menaçantes qui souvent retentirent dans l'œil gauche. Il fit moins d'anatomie; mais se garda bien d'abandonner toutes ses recherches; il ne renonça pas davantage à l'exercice de la chirurgie et se livra plus que jamais à la bibliographie.

Il nous suffira de rappeler, pour l'anatomie, ses *recherches sur le corps innominé* qu'il publia en 1861 dans le *Journal de physiologie de l'homme et des animaux*, et qui furent couronnés par l'Institut. Ce mémoire est consacré à l'étude d'un organe jusqu'alors inconnu et que l'on trouve dans l'épaisseur du cordon spermatique à toutes les époques de la vie. Son analogie avec le corps de Rosenmuller, formé comme lui par les restes du corps de Wolf, était démontrée par l'auteur, qui explique par la dilatation des tubes qui le constituent l'origine des hydrocèles enkystées du cordon.

Les travaux que Giraldès a consacrés à la chirurgie et à la thérapeutique chirurgicale sont tout aussi nombreux que ceux dont nous venons de fournir l'incomplète énumération. Nous ne pourrons tous les citer, mais l'on nous permettra de rappeler les principaux d'entre eux.

Les uns procèdent directement de l'anatomie normale et pathologique, d'autres ont eu pour base l'expérimentation ; un plus grand nombre sont purement cliniques ; il en est peu de dogmatiques ; tous portent la marque de l'esprit chercheur et érudit de leur auteur.

Vous avez publié dans le tome II dê vos *Mémoires* un mémoire de Giraldès sur *quelques points de l'anatomie chirurgicale de la région mammaire.* Ce travail fait connaître en particulier le ligament suspenseur de la glande mammaire qui n'avait pas encore été décrit ; il montre aussi quelle peut être l'influence de la capsule fibreuse sur la marche des maladies chirurgicales de cette glande. C'est encore dans vos *Mémoires* (t. III) qu'a pris place le beau travail de notre collègue sur les *kystes muqueux du sinus maxillaire.* La connaissance exacte de ces tumeurs est due à Giraldès, et devant ses recherches anatomiques et anatomo-pathologiques, s'est complètement évanouie l'histoire des hydropisies du sinus maxillaire, si chère à nos devanciers.

Dès 1851, lors des recherches qu'il faisait pour une thèse de concours sur les maladies du sinus, il avait rencontré sur quelques sujets de nombreux petits kystes miliaires, transparents, faisant saillie dans la cavité maxillaire. William Adams avait auparavant déposé dans un des musées de Londres quelques exemples de kystes muqueux du sinus, mais il n'avait rien publié sur ce point. Bérard faisant, à la demande de Giraldès, l'examen des sinus maxillaires sur les cadavres qu'il avait entre les mains à l'École pratique, découvrit sur trois sujets différents des kystes muqueux du sinus à divers degrés de développement. En 1852, reprenant cette question avec les éléments nouveaux qu'il possédait, Giraldès faisait l'histoire complète des kystes muqueux du sinus. Luschka, en 1855, décrit la disposition histologique des glandes de la muqueuse, mais n'ajoute aucun point important à l'étude du chirurgien français. Enfin, en 1860, Giraldès donne une seconde édition de son mémoire avec quelques développements nouveaux. C'est à cette édition que l'Académie des sciences accorda un prix Monthyon. C'était la troisième fois que les travaux de notre collègue recevaient cette haute sanction de l'illustre compagnie savante.

Déjà, nous avons rappelé les travaux anatomiques fort originaux de Giraldès sur ce même sinus maxillaire ; si nous y ajoutions la description des polypes muqueux de cette cavité et l'exposé des opinions qu'il a défendues devant vous (*Société de chirurgie*, 18 mai 1860, — 24 janvier 1872), sur la pathogénie des exostoses qui s'y développent, nous pourrions conclure, que l'*antre d'Hygmore* avait livré à notre collègue ses plus ténébreux secrets.

A côté de ces travaux procédant si directement de l'anatomie, nous devons citer, comme type de travail expérimental, le *Mémoire sur les injections de perchlorure de fer dans les artères.* Ce travail fut fait à Alfort avec la collaboration du professeur Goubaux, et l'on peut dire que c'est aux expériences de ces deux savants, que sont dues les notions précises que la science possède aujourd'hui, sur l'action du perchlorure de fer, sur les artères et sur le sang. Le dosage de la densité du liquide, mal déterminé à l'origine, avait failli compromettre la méthode. L'étude rigoureuse des effets de la solution, selon le titre auquel elle est employée, permit de donner droit de domicile dans la thérapeutique à cet agent précieux. Le résumé fort étendu consacré au travail de Giraldès, par l'un de nos plus éminents collègues (1), dans son beau *Traité des anévrysmes*, permettrait à lui seul d'en affirmer la valeur.

L'expérimentation ainsi pratiquée n'est qu'une des formes de l'enseignement clinique. Après s'être adonné tout entier à l'étude de l'anatomie et des sciences naturelles, Giraldès ne s'était pas livré avec moins de passion à la pratique de la chirurgie. Il ne surgissait pas une question nouvelle, il ne paraissait pas un moyen thérapeutique nouveau digne du titre de médicament, que notre collègue ne s'empressât d'étudier ou d'expérimenter.

En 1857, l'amylène, nouvel agent anesthésique, venait d'être conseillé comme succédané du chloroforme; Giraldès s'empressait d'étudier les propriétés de cette substance, et établissait dans une lecture à l'Académie que l'amylène pur, bouillant, à 29 ou 30° à l'aréomètre de Baumé, est un très-bon anesthésique dans les circonstances où l'on n'a besoin que d'une insensibilité fugace.

Les précieux effets du chloral venaient à peine d'être signalés que déjà Giraldès, après s'en être fait expédier de Berlin, cherchait à démontrer les puissantes propriétés hypnotiques de ce médicament.

Les comptes rendus de l'Académie des sciences pour 1863, les actes du congrès médico-chirurgical tenu à Rouen dans la même année, témoignent que, le premier en France, Giraldès fit connaître les propriétés thérapeutiques de la fève de Calabar et la graine de cette légumineuse. Les expériences qu'il a entreprises confirmaient les résultats de celles de MM. Frager et Arg. Robertson.

Les résections des grandes articulations ne constituent pas, à proprement parler, un mode thérapeutique nouveau dans la pratique chirurgicale. Mais cette ressource hardie est aujourd'hui reve-

1 M. P. Broca.

nue à l'ordre du jour de la pratique française. Elle y est revenue comme toutes les questions qu'étudie notre chirurgie, avec le plus brillant ensemble de travaux expérimentaux, de recherches d'érudition et de statistique, d'observations cliniques.

Giraldès a pris activement part à cette partie importante du mouvement chirurgical contemporain. Devant la Société de chirurgie, et dans ses leçons cliniques, notre collègue a traité en détail la question des résections du genou et de la hanche, et cherché à bien préciser les avantages que présentent ces opérations, et les résultats que la statistique a permis de formuler.

La résection est encore l'une des ressources que la chirurgie met en œuvre contre la redoutable affection que l'Ecole française a si remarquablement étudiée sous le titre de *Périostite phlegmoneuse diffuse.* C'est la résection prématurée des os dénudés par suite de périostite phlegmoneuse diffuse, que Giraldès est venu défendre devant l'Académie de médecine au mois de janvier 1875, après l'avoir préconisée au congrès de Lille l'été précédent. C'est ce même point de thérapeutique chirurgicale, qu'il défendait encore dans cette enceinte, quelques semaines à peine avant sa mort. Giraldès ne faisait, dans cette circonstance, qu'affirmer par des exemples cliniques, la conduite chirurgicale conseillée par le professeur Holmes de l'hôpital Saint-Georges de Londres. Il continuait, en l'apportant sur ce terrain particulier, l'étude d'une question à laquelle son enseignement hospitalier avait, depuis plusieurs années, fourni d'importantes contributions.

Les questions nouvelles, ou les questions importées de l'étranger, n'attiraient pas seules l'attention de Giraldès. Sans insister plus longtemps sur ses travaux de détail, il nous suffit pour le montrer, de rappeler un instant à votre attention, les leçons cliniques sur les maladies chirurgicales des enfants, professées par notre collègue à l'hôpital des Enfants-Malades.

L'enfance paye largement tribut à la science chirurgicale. Le champ de l'observation est, hélas ! aussi vaste et souvent, plus fécond, dans ces premières années de la vie, qui ne devraient, ce semble, n'être employées qu'au régulier développement de l'être humain, que dans les années plus lointaines qui préparent sa décadence.

La carrière hospitalière de Giraldès s'est entièrement partagée entre l'hôpital des Enfants-Assistés et l'hôpital des Enfants-Malades. C'est dans ce dernier asile qu'il reprit, en l'élargissant, l'enseignement que l'un de nos plus anciens collègues, Paul Guersant, y avait inauguré. Fermement convaincu que la pathologie infantile mérite une étude distincte, et que d'ailleurs en anatomie comme en pathologie, tous les degrés de la série naturelle doivent être étudiés et approfondis avec le même soin, pour constituer à la science les assises sur lesquelles elle s'édifie, le chirurgien de l'hôpital des Enfants voulut passer en revue, dans ses leçons, l'ensemble des affections chirurgicales du jeune âge.

Le livre important qui résume son enseignement présente un tableau fort instructif. Le lecteur, toujours conduit vers le côté pratique, est cependant tenu par l'auteur au courant du progrès scientifique et des travaux les plus modernes ; il en signale le caractère original et nouveau, il recherche surtout leur signification et leur valeur pratique.

La libre allure de l'enseignement clinique convenait à l'esprit de Giraldès, beaucoup plus disposé à reviser ce qui avait été dit, à le critiquer au besoin, à chercher à introduire dans les questions qu'il abordait de nouveaux aperçus, qu'à traduire sous forme dogmatique un enseignement déjà constitué.

Une courte collaboration au dictionnaire de médecine et de chirurgie pratique, lui a cependant donné l'occasion de montrer, par d'importants et très-savants articles, que son esprit et sa vaste érudition savaient au besoin accepter les limites et la régulière ordonnance des articles destinés à l'éducation classique.

Mieux encore que l'hôpital, les sociétés savantes permirent à Giraldès de complétement affirmer les tendances et la nature de sa personnalité scientifique. Dans ces réunions, où toutes les questions afférentes au but qu'elles poursuivent sont constamment à l'ordre du jour, où l'intérêt des travaux gît à la fois dans leur importance et dans leur imprévu, où il faut connaître de toutes les questions, être prêt aussi bien à donner son avis sur un point de pratique, que sur un fait purement scientifique, où l'érudition peut toujours trouver place, notre collègue vivait dans le milieu le plus approprié.

Aussi, dans toutes les périodes de sa carrière, Giraldès fut-il constamment fidèle aux sociétés savantes auxquelles il appartenait. Les Sociétés anatomique, de biologie, philomatique, l'ont compté au nombre de leurs membres les plus actifs. Devenu membre de l'Académie de médecine, il apporta, aux réunions de la célèbre compagnie, l'assiduité dont il avait coutume, et continua à donner les mêmes soins aux réunions où se posent et se discutent chaque jour les questions relatives à nos études.

La Société de chirurgie fut entre toutes l'objet de sa prédilection. Il fut appelé à y siéger dès l'année 1848, par les suffrages unanimes de nos membres fondateurs.

Sa personnalité était déjà affirmée. Son ardeur pour la lutte, son goût de la science exacte, son amour de l'érudition, s'étaient bien des fois révélés. A cette nature tout en dehors, que nous avons toujours connue ardente, passionnée dans la discussion, la prudence qu'enseigne la vie, apporta peu de modification. Pendant 27 années, il n'a cessé de prendre part aux travaux de la Société, sans que jamais un litige qui avait la science pour objet, le laissât indifférent, ou qu'une contradiction le trouvât résigné. C'est bien dans cette enceinte, où il a vécu une si grande part de sa vie chirurgicale, où il a tant de fois exprimé son opinion et ses jugements, qu'il convenait de rendre hommage à sa mémoire.

J'ai eu déjà l'occasion de rappeler les principaux travaux dont il a enrichi nos recueils ; les discussions importantes et nombreuses auxquelles il a pris si activement part, mériteraient d'être rappelées. Je ne puis me laisser entraîner aussi loin, mais je ne saurais passer sous silence les services qu'il nous a souvent rendus en qualité de rapporteur. C'était toujours pour notre collègue l'occasion de réunir tous les documents relatifs à la question. Sa préoccupation principale était de vous donner le tableau des faits passés inaperçus jusqu'alors, de les grouper autour de ceux qui faisaient l'objet du travail qui avait été soumis à son appréciation. C'est ainsi qu'il procédait en particulier, lorsqu'il s'agissait d'un point encore peu étudié.

C'est, en effet, la recherche bibliographique qui l'attirait le plus vivement. C'est là qu'il a excellé, et c'est à cette tendance qu'il a tout naturellement obéi, lorsqu'il a écrit ou parlé dans cette enceinte.

Toujours tourmenté par le désir d'apprendre, il partageait de plus en plus sa vie entre les bibliothèques et les sociétés savantes. L'âge de la retraite l'avait contraint à quitter le service hospitalier, mais son activité et son zèle scientifique ne s'étaient pas un instant ralentis.

L'érudit prend d'ailleurs place à part, il acquiert une autorité véritable que légitiment les ressources étendues qu'il doit à son persévérant labeur. Il est riche à sa manière et il exerce le prestige de ceux qui possèdent. La situation que lui crée un savoir applicable à toutes les choses relevant de l'objet de ses études, l'impitoyable exactitude de ses renseignements, l'appellent à exercer une sorte de magistrature. Dans la controverse, son opinion a presque la valeur d'un arrêt. Il juge en dernier ressort les questions de priorité, qui ne sont après tout que des questions de propriété scientifique. Il est constitué d'office le défenseur de la vérité dans la science.

Au sein d'une société savante, il est l'objet d'un respect et d'une crainte qu'éprouvent quelquefois ceux qui écrivent, mais plus souvent encore ceux que possède l'envie de parler.

Il a la bonne fortune de venir en aide aux jeunes talents qui modestement produisent, et n'oseraient, sans son contrôle, rapporter à eux-mêmes le fruit de leurs méditations et de leurs recherches. Mais plus souvent encore, il est conduit, par la force des choses, à donner aux amours-propres, qu'une notion imparfaite de la science écrite égare au delà des limites de leurs propriétés intellectuelles, la réelle et juste mesure de leur avoir scientifique.

Est-ce pour cela qu'il est assez généralement admis que le caractère d'un érudit laisse parfois à désirer? L'indulgence ne fait pas, dit-on, partie de ses qualités habituelles. Ce n'est pas chez lui qu'il faut chercher cette bienveillance un peu banale, si facilement, si chaudement témoignée à chacun, par ceux dont le succès est bien plutôt le résultat de la connaissance exacte des hommes, que de la connaissance approfondie des livres.

Il y a peut-être une part de vérité dans l'opinion que l'on se fait du caractère de l'érudit. Mais les amis auxquels on peut toujours se confier, sans jamais éprouver dans leur commerce l'apparence même d'un froissement, élèvent et fortifient les belles qualités de l'âme. Et ce même homme, qui vit près de ses livres d'affection, et apporte à la discussion la même ardeur, la même âpreté, qu'il met au service de la recherche savante, dans ses studieuses poursuites dont l'ardeur ne s'éteint ni le jour ni la nuit ; ce même homme, lorsqu'il a quitté son champ de bataille scientifique, devient le plus confiant et le plus abandonné dans ses relations amicales.

Il a choisi ses amitiés avec la scrupuleuse attention qu'il met à découvrir un fait ou un texte peu connu. Il ne saurait avoir un instant l'idée d'un retour, et il se donne avec le même abandon à ses amis et à ses livres.

Il a en particulier le culte du maître, de celui qui lui a appris les premières choses qu'il a bien sues et lui a fourni le point de départ à l'aide duquel la science a pu lui parler un intelligible langage.

N'est-ce pas ainsi qu'a pensé et vécu notre regretté collègue ? N'est-ce pas ainsi qu'il s'est donné tout entier aux de Blainville, aux Rayer, aux Velpeau? n'est-ce pas ainsi qu'il s'identifiait avec son ami et condisciple Gratiolet, quand il venait, devant la Société anatomique, retracer ses luttes et ses souffrances avec une passion si peu contenue, que son éloge ne put prendre place dans les recueils de la jeune et laborieuse compagnie.

Ce ne furent pas seulement les sociétés savantes de Paris qui se partagèrent le temps et les communications scientifiques de Giraldès. Il prenait activement part à ces congrès scientifiques dont l'habitude se fortifie dans notre pays, et qui appellent souvent aussi, dans les grandes villes de l'étranger, les savants de diverses nationalités.

Giraldès avait d'ailleurs pour la science étrangère un penchant que l'on a pu trouver trop accusé.

L'Angleterre l'attirait surtout. Nous sommes loin du temps où les voyages des savants français en pays étrangers prenaient presque les proportions d'un événement scientifique ; nous nous renfermons moins dans nos limites, et nous avons surtout pris l'habitude des excursions journalières dans les littératures voisines.

Ce n'est pas parmi nous que se trouveront des opposants à la recherche et à la mise en lumière de la science étrangère, mais c'est également dans cette enceinte, que doivent être conservées et profondément respectées les richesses accumulées par la science française.

Dans ses nombreux voyages en Angleterre, Giraldès était reçu avec la plus grande déférence par nos confrères, et c'est avec la plus cordiale libéralité qu'étaient mises à sa disposition les nombreuses et riches collections scientifiques des musées et des bibliothèques, que l'initiative privée a pu si largement et si librement multiplier chez nos voisins.

Ces excursions scientifiques dans nos grandes villes, ces voyages à l'étranger consacrés à l'étude, des réunions intimes, et avant tout la vie de famille dans toute sa plénitude, tels étaient les délassements favoris de notre collègue. Son esprit facile et souvent enjoué abordait les sujets de conversation les plus divers : l'on s'étonnait souvent de lui entendre discuter avec compétence les sujets les plus littéraires et les questions d'art les plus élevées.

De ses compétitions successives pour la chaire des beaux-arts, il avait retenu le goût de leur étude, et se consolait de ne pas professer à l'École en étudiant les chefs-d'œuvre qui servent à l'éducation des artistes.

Le titre d'académicien et la dignité à laquelle vous l'avez élevé, en l'appelant à la présidence de la Société de chirurgie, furent les distinctions auxquelles il attacha le plus de prix. Son dévouement aux blessés de 1848 et à ceux, bien plus nombreux encore, de 1870, furent les raisons déterminantes qui lui valurent les nominations de chevalier et d'officier de la Légion d'honneur.

La vie modeste était celle qui convenait le mieux à ses goûts studieux, chacun des moments qu'elle laissait à sa libre disposition servait à augmenter sa richesse scientifique. Il jouissait pleinement de l'activité de corps et d'esprit qui le caractérisait, et que lui conservait l'habitude du travail, lorsque commença sa dernière journée.

C'était le vendredi, 27 novembre 1875.

L'Académie de médecine l'avait écouté avec un vif intérêt le mardi précédent. La discussion sur la myopie lui avait fourni le sujet d'un discours rempli de science et d'esprit. Notre séance du mercredi l'avait trouvé à la place qu'il occupait toujours, et le vendredi ne pouvait s'écouler sans qu'il vînt participer, comme il le faisait fidèlement depuis 1830, aux travaux de la Société anatomique. Il avait pris la parole, et comme toujours avait été écouté par ses jeunes collègues avec la déférence qu'ils aimaient à lui témoigner. Dans la soirée, il s'entretenait gaiement avec les siens, puis il se rendait à la bibliothèque de l'École de médecine, à laquelle il avait coutume de demander les renseignements que ne pouvaient lui fournir ses propres livres.

Il venait de terminer ses recherches, il avait à peine franchi le seuil de la Faculté, lorsqu'un malaise subit l'oblige à demander secours. On s'empresse, on lui vient activement en aide, mais quelques instants après la mort avait fait son œuvre.

C'est ainsi, qu'au soir d'une journée bien remplie, se termina la laborieuse existence de M. Giraldès.

Messieurs, lorsque nous avons retracé devant vous la vie de nos collègues, nous avons toujours été amené à faire l'éloge du *travail*. Nous l'avons vu plus d'une fois conduire les nôtres à tous les honneurs de la profession et même à la fortune. Il peut bien plus encore, il suffit à remplir la vie tout entière. Il console de ce qu'il ne fait pas obtenir en élevant l'esprit, en ornant l'intelligence, en donnant le *savoir :* le savoir qui, en effet, « ne tient pas de place, » car il grandit sans cesse les facultés intellectuelles et morales de ceux qui consacrent leur vie au travail et ne désespèrent jamais de son bienfaisant pouvoir.



Paris-Imp. PAUL DUPONT, 41 rue Jean Jacques Rousseau. (Cl.) 191, 2-7.

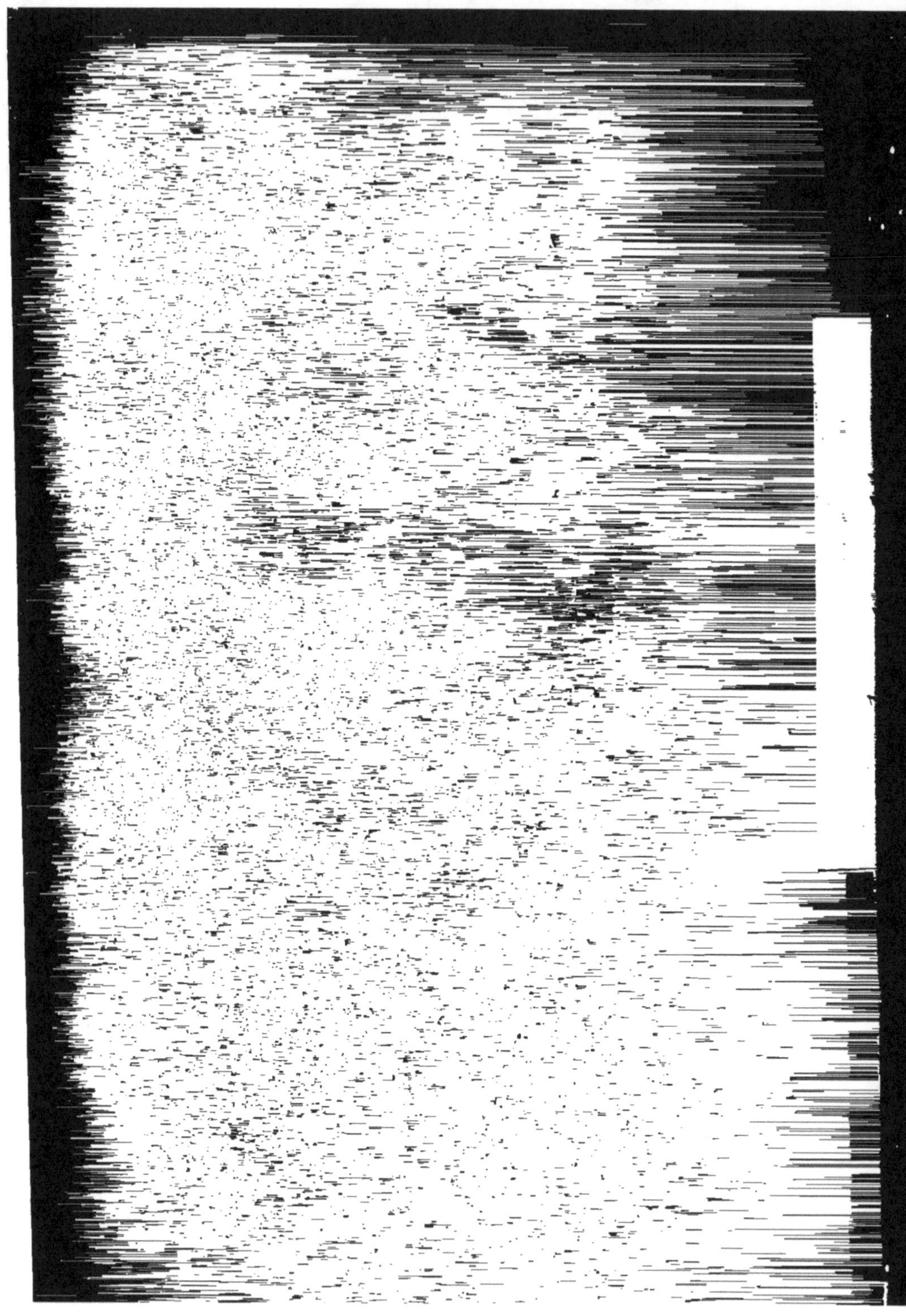

www.ingramcontent.com/pod-product-compliance
Lightning Source LLC
LaVergne TN
LVHW010257230826
846091LV00007B/3018

*9782011778994*